Bibliografische Information der Deutschen Nationalbibliothek:

Die Deutsche Bibliothek verzeichnet diese Publikation in der Deutschen National-bibliografie; detaillierte bibliografische Daten sind im Internet über http://dnb.d-nb.de/ abrufbar.

Impressum:

Copyright © 2015 GRIN Verlag, Open Publishing GmbH
Druck und Bindung: Books on Demand GmbH, Norderstedt Germany
ISBN: 978-3-668-06633-5

Dieses Buch bei GRIN:

http://www.grin.com/de/e-book/305009/die-dopingproblematik-situation-entwick-lung-und-loesungsansaetze

Marcel Kelef

Die Dopingproblematik. Situation, Entwicklung und Lösungsansätze

GRIN Verlag

Schuljahr: 2014/2015
Kurs: sem7/SPe1
Fach: Sport

Dopingproblematik - Situation, Entwicklung und Lösungsansätze

von

Marcel Kelef

Ausgabetermin des Themas: 29.01.2015   Abgabetermin der Arbeit: 12.03.2015

INHALTSVERZEICHNIS

1 EINLEITUNG.. **3**

1.1 Doping und seine Auswirkungen auf den Sport und den Menschen.......................... 3

1.2 Definition des Dopingbegriffs... 4

1.3 Motivation 4

2 HAUPTTEIL.. **6**

2.1 Problematik.. 6

2.2 Gründe für das Doping 7

2.3 Entwicklungen 10

2.4 Lösungsansätze.. 11

3 DISKUSSION **14**

3.1 Zusammenfassung und Fazit... 14

3.2 Ausblick... 15

LITERATURVERZEICHNIS **16**

ANHANG A - ABBILDUNGEN **17**

1 Einleitung

1.1 Doping und seine Auswirkungen auf den Sport und den Menschen

Im Sport geht es um Fair Play, also um das Einhalten von Regeln im Wettkampfsport. Allerdings steht gerade im Leistungs- und Spitzensport eher die erbrachte beziehungsweise nicht erbrachte Leistung im Vordergrund. Je höher die Ambitionen sind, desto weniger Rücksicht wird auf das Fair Play genommen. Hinzu kommt, dass egal ob von Medien, Konkurrenz oder eigenen Ambitionen, ein gewaltiger Leistungsdruck auf die Sportler ausgeübt wird. Um diesen Leistungsdruck zu kompensieren greifen nicht nur Hochleistungssportler zu Doping, der medikamentösen Leistungssteigerung, sondern auch Alltagssportler. Da eine exakte Definition des Dopingbegriffs, aufgrund unklarer Grenzsetzung, nicht möglich ist[1], wird zwischen Doping im engeren sowie im weiteren Sinn unterschieden: Das Dopen im engeren Sinn beschreibt eine illegitime Leistungssteigerung in einem Wettkampfsport[2]. Im weiteren Sinne hingegen, meint Doping die Steigerung der sportlichen Leistungsfähigkeit außerhalb des Wettkampsportes, wie zum Beispiel im Breitensport, wo keine Kontrollen stattfinden[1]. Eine Steigerung der kognitiven Fähigkeiten wird nicht als Doping, sondern als Enhancement bezeichnet [2]. Außer dem Sport schaden sich die Betroffenen zudem selbst, denn mit den meist verschreibungspflichtigen Medikamenten sind oftmals eine Menge gesundheitlicher Risiken verbunden [3]. Ob durch eine Überdosis, eine einfache Überschreitung der Anwendungsdauer oder die zu häufige Einnahme der Medikamente, Nebenwirkungen können auf verschiedene Art und Weisen auftreten. So können beispielsweise Schmerzmittel zu Atemlähmungen oder einem Kreislaufschock führen. Bei falscher Einnahme von anabolen Steroiden hingegen kann es zu Wachstumsstörungen, Akne oder gar zu Krebs kommen[3]. Durch diese und weitere Nebenwirkungen sowie durch die Enthüllung der Dopingpraxis in der DDR, in welcher Doping zum Alltag gehörte, wurde in der Vergangenheit die Sensibilität der Sportler und Funktionäre geschärft. Es entstanden zahlreiche Anti-Doping-Organisationen, welche während des Wettkampfes und des Trainings mit Dopingkontrollen dafür sorgen, dass Sportler, welche sich illegitime Medikamente zu Nutze machen, aus Wettbewerben ausgeschlossen werden und mögliche weitere Strafen

---

[1]Sport ohne Doping, Arndt/Singler/Treutlein, 1. Auflage (2004), S.11 und S.9
[2]Sportunterricht, Schorndorf, Michael Krüger61 (2012), Heft 4
[3]Doping: Mittel, Methoden, Wirkungen und Nebenwirkungen, Arndt/ Singler/ Treutlein, Pdn-BioS, Heft 3, 57 (2008)

erhalten. Einige größere dieser Organisationen sind die WADA (Welt-Anti-Doping-Agentur) und die NADA (Nationale-Anti-Doping-Agentur). An diesem Punkt treffen die Anti-Doping-Bewegungen jedoch auf eine Problematik die bislang nicht gelöst werden konnte. Beispielsweise wurde ermittelt, dass in den Jahren von 1960 bis 1990 lediglich 53 von 16872 Sportler positiv auf Doping getestet wurden. Zwischen 1960 und 1990 haben beinahe alle Spitzensportler ihre Ergebnisse unter Einfluss von medikamentöser Leistungssteigerungsmittel erbracht [4] . Diese Erkenntnisse veranschaulichen die Ineffektivität der Dopingkontrollen und die dadurch entstehende Problematik. Im Folgenden werde ich ausführen, was diese Dopingproblematik beinhaltet, wie sie sich entwickelt hat und inwiefern bereits vielversprechende Lösungsansätze existieren. Das Ergebnis wird im Anschluss diskutiert. Zunächst allerdings werde ich den Begriff Doping definieren und anschließend meine Motivation darlegen.

1.2 Definition des Dopingbegriffs

Der Vorgang des Dopens beschreibt die Steigerung der Leistungsfähigkeit durch die Einnahme von im Wettkampfsport verbotenen Substanzen[4] .Diese Substanzen erlauben es dem Körper des Sportlers über die Leistungsgrenzen hinauszugehen, indem der Zugang zu den sogenannten autonom geschützten Reserven ermöglicht wird. Diese zusätzlichen Ressourcen sind lediglich für Situationen, in denen sich der Mensch in Lebensgefahr sieht, für ihn zugänglich. Der Bereich der autonom geschützten Reserven ist also nur unter Extrembedingungen nutzbar, weshalb es zu Komplikationen kommt, wenn der Körper regelmäßig auf diese zugreifen muss[4]. Es ist auch nicht möglich, den Zugriff auf diese Reserven zu trainieren, weshalb aus eigener Kraft diese zusätzliche Leistungsfähigkeit nicht beansprucht werden kann.

1.3 Motivation

Ich habe mich für das Thema „Dopingproblematik - Situation, Entwicklung und Lösungsansätze" entschieden, da ich bereits durch den Sporttheorieunterricht auf diese Thematik aufmerksam geworden bin. Filme sowie Internetartikel ließen mein Interesse wachsen. In meinen Augen ist es bedauerlich, dass der Sport, bei dem es um natürliche Leistungen geht, durch Medikamente in ein schlechtes Licht gerückt wird, weshalb dieses Thema mein Interesse geweckt hat. Meine Neugier besteht besonders darin, zu

---

[4]Sport ohne Doping, Arndt/Singler/Treutlein, 1. Auflage (2004), S.16 und S.11

ermitteln, ob es in der Zukunft möglich sein wird, den Dopingkonsum mit neuen Regeln oder Vorgehensweisen einzuschränken.

2 Hauptteil

2.1 Problematik

Eines der Hauptprobleme der Dopingproblematik stellt die steige steigende soziale Akzeptanz gegenüber den leistungssteigernden Medikamenten dar. Doping wird oft mit der Medikalisierung in Verbindung gebracht, einem Prozess, bei dem die Medikamente immer mehr Akzeptanz von der Gesellschaft erfahren und deshalb immer mehr zum Alltag gehören. Ein Beispiel, welches die Problematik verdeutlicht, ist der Alkohol: Dadurch, dass er gesellschaftlich akzeptiert wird, ist es schwer ein Alkoholverbot zu erlassen. Die Analogie zum Doping besteht darin, dass sich beides nicht ohne weiteres verbieten lässt, obwohl allgemein bekannt ist, dass es schädlich ist, Doping zu nutzen (bzw. Alkohol zu konsumieren) [5]. Die Art und Weise, wie Dopingbefürworter argumentieren, ist zu kritisieren: Sie behaupten, Leistungssport sei ohnehin nicht gesund, da man ununterbrochen unter sowohl psychischer als auch physischer Belastung steht[5].

Ein weiterer Punkt der Problematik ist, dass Sport sich auf natürlich erbrachte Leistungen stützt: Wird die Leistungsfähigkeit medikamentös gesteigert, so werden nicht nur Chancengleichheit und Fairness missachtet, die Natürlichkeit der Leistungen wird auch verfälscht[5]. Die Leistung ist somit eher synthetisch erbracht worden. Die Faszination, die sportliche Ergebnisse ausmacht, ist nicht, dass etwas erreicht wurde, sondern, dass dies durch einen natürlichen Menschen erreicht wurde[5]. Sport verliert mit Doping also seinen ursprünglichen Sinn. Des Weiteren werden sportliche Veranstaltungen immer uninteressanter für den Sportliebhaber. Man geht bereits davon aus, dass ein Großteil der Spitzensportler gedopt ist, weshalb der Sport auch finanziell unter der Dopingproblematik leidet. Auch Trainings- sowie Wettkampfkontrollen erweisen sich als wirkungslos. Dies liegt vor allem an dem organisierten Vorgehen der Sportler und der Verantwortlichen[6]sowie an der Abhängigkeit der kontrollierenden Instanzen, denn kein Sportfan erfährt gerne, dass ein Spitzensportler gedopt wurde. Im Gegenteil, die Sport begeisterten interessieren sich eher für die Dopingfälle eher unbekannter Sportler. Nicht nur Leistungssportler greifen auf die illegitime Leistungssteigerung zu: Immer öfter werden Fälle bekannt, in denen sich Breitsportler

---

[5]Sportunterricht, Schorndorf, Michael Krüger, 61 (2012), Heft 4
[6]Sport ohne Doping, Arndt/Singler/Treutlein, 1. Auflage (2004), S.16,17

bei großen Wettbewerben mithilfe von Doping ein vielversprechendes Ergebnis erhoffen[5].

2.2 Gründe für das Doping

Gründe für das Doping gibt es nicht nur im Leistungsbereich, sondern auch im Breitensport[6]. Die NADA beschreibt die Ursachen des Dopens wie folgt[6]: „Doping ist ein systemimmanenter Bestandteil des Sports, insbesondere des Spitzensports. Der nach oben offene Leistungsimperativ und die im Sport eingesetzte Kommerzialisierung beinhalten einen Anreiz, für den Sportler und sein Umfeld, durch unlautere Methoden einen Wettbewerbsvorteil zu erlangen."

Von Wissenschaftlern wurden zwei Arten von Gründen, die zu Doping anregen, festgelegt: Die sog. internen Gründe, also Beweggründe die der Sportler aus eigenem Antrieb hat, und externe Gründe, die aus fremden Einflüssen hervorgehen. Zu den internen Gründen gehört beispielsweise der Nachahmeffekt: Sportler ahmen ihr Idol nach, um selbst das Leistungsniveau eines potenziellen Idols zu erreichen[6]. Die nicht Akzeptanz der Leistungsverringerung führt des Weiteren dazu, dass Sportler dopen, um Nachteile auszugleichen, denen sie durch Verletzungen oder dem Altern ausgesetzt sind[7]. Ebenfalls können Minderwertigkeitskomplexe oder mangelnder Ehrgeiz interne Beweggründe sein. Sind Sportler nicht ehrgeizig genug, durch Training ihre eigenen Leistungen zu optimieren, führt es oft dazu, dass sie letztendlich dopen. Auch wenn es bei Leistungssportlern durch den medialen Druck zu depressiven Tendenzen kommt, ist Doping oft ein vermeintliche eine Lösung. Die Sportler erhoffen sich bessere sportliche Leistungen, mit denen sie Erfolge erringen können, welche ihre Depressionen kurzfristig lindern[7].

Zu den externen Gründen wird der Selektionsdruck gezählt. Um für internationale Meisterschaften nominiert zu werden, müssen die Sportler ihr volles Potenzial abrufen, wenn es sein muss, greifen sie dann auch oft zu Dopingmitteln[7]. Der Selektionsdruck muss sich aber nicht zwanghaft auf die Teilnahme an Wettbewerben beziehen, denn auch wenn Sportler Sponsorenverträge begehren, benötigen sie eine gewisse Medienpräsenz. Das Problem hierbei ist, dass es die Sponsoren nicht interessiert, ob ihre Sportler dopen oder nicht[7]. Ganz im Gegenteil, ein gedopter Sportler ist erfolgsversprechender, da er sich einen Vorteil verschafft. Um trotzdem nicht mit gedopten Sportlern in Verbindung gebracht zu werden, mit denen sie einen Vertrag

---

[7]Sport ohne Doping, Arndt/Singler/Treutlein, 1. Auflage (2004), S.17, 18

haben, haben die Sponsoren stets eine Klausel in ihren Verträgen, die besagt, dass sie Doping nicht dulden[8].

Da Leistungsdruck von Vereinen, Verbänden oder Bekannten ausgelöst werden kann, ist es oft ein externer Grund für das Dopen. Gerade der Verein bzw. Verband bei dem der Sportler unter Vertrag steht, verlangt oft für die Investition in den Athleten eine direkte Gegenleistung in Form von Erfolg[8]. Sowohl die zu große Wettkampfhäufigkeit als auch der große Trainingsumfang sind ebenfalls Beweggründe, welche Sportler zum Dopen verführen, denn für Spitzenleistungen müssen die Wettkämpfer in physischer und psychischer Topform sein. Ein weiterer Beweggrund für die Sportler ist der steigende Leistungsstandard im heutigen Wettkampfsport. Je höher die bereits erbrachten Leistungen, desto höher die Erwartungen an den Sportler und somit ein erhöhter Leistungsdruck. Viele Profisportler haben zudem nach Karriereende keine berufliche Perspektive, weshalb sie ihr Karriere-Aus so lang wie möglich hinauszögern wollen[8]. Des Weiteren ist auch die bereits angesprochen Medikalisierung für Sportler Grund genug, um zur illegitimen Leistungssteigerung zu greifen. Durch Medikamente werden immerhin bereits unzählige Alltagssituationen, wie z.B. bei Schlaflosigkeit, Übergewicht oder zu blasser Haut, gelöst. Der Wettkampfsport ist für die gedopten Sportler nur eine weitere dieser vielen Situationen, welche medikamentös erleichtert werden[8]. Oft kommt es auch vor, dass die Sportler gar nicht von den Dopingmitteln wissen, die ihnen verabreicht werden. Sie werden von Nahestehenden gebeten die Medikamente einzunehmen, da sie die Vitamine die sie beinhalten benötigen, jedoch wissen die Sportler nicht, dass dies nur Ausflüchte sind, damit ihre Leistungsfähigkeit für den Wettkampf steigt[8]. In der Abbildung A.1 „Die Treppe der Verführung: Strategien" (s. Anhang) wird eine ähnlicher externer Grund widergespiegelt: Im ersten Schritt gibt ein Verantwortlicher des Sportlers (z.B. der Trainer), dem Betroffenen leistungssteigernde Mittel, welche jedoch nicht auf der Dopingliste stehen. Sobald sich der Sportler an die Medikamente gewöhnt hat, wartet der Verantwortliche auf einen Rückschlag des Sportlers, wie zum Beispiel durch eine Verletzung, die den Leistungsstand des Sportlers zurückwirft[8]. Während der Sportler sich erholt und versucht sich seiner alten Verfassung zu nähern, verweist der Trainer auf das Dopen anderer Wettkampfteilnehmer[8]. Er macht deutlich, dass der Sportler einen Nachteil hat, wenn er nicht dopt und betont somit die Notwendigkeit. Als letzten Schritt nimmt der

---

[8]ebenda

Sportler letztendlich die Dopingmittel freiwillig zu sich, um so einen Chancenausgleich zu forcieren.

Sportler A		Sportler B	
		Kein Doping	Doping
	Kein Doping	A: Siegchancen unverändert, kein Gesundheitsrisiko B: Siegchancen unverändert, kein Gesundheitsrisiko	A: Siegchancen schlechter, keine Gesundheitsrisiken B: Siegchancen besser, Gesundheitsrisiken
	Doping	A: Siegchancen besser, Gesundheitsrisiken B: Siegchancen schlechter, keine Gesundheitsrisiken	A: Siegchancen unverändert, Gesundheitsrisiko B: Siegchancen unverändert, Gesundheitsrisiko

Quelle: Meidl D./ Busse M./Fikenzer S., 2006, S. 29

In der Tabelle „Abbildung A.2: Doping Dilemma" ist die Beziehung zwischen Gesundheitsrisiko und Siegchancen dopender und nicht dopender Sportler dargestellt. Unterteilt ist zwischen Sportler A und Sportler B. Für beide gibt es je zwei mögliche Szenarien: Entweder stehen sie unter dem Einfluss von Doping oder sie stehen nicht unter dem Einfluss von Doping. Dopen Sportler A und B, so sind die Siegeschancen unverändert, da beide eine Leistungssteigerung erfahren, jedoch müssen beide Gesundheitsrisiken in Kauf nehmen. Dopt nur einer der beiden Sportler, sind dessen Siegchancen zwar höher als die des anderen, jedoch geht der Sportler, der keine Dopingmittel zu sich nimmt auch kein Gesundheitsrisiko ein. Steht keiner der beiden unter Einfluss von Doping, so sind die Siegchancen zwar wie im ersten Szenario unverändert, allerdings gehen beide Sportler hier nicht das Risiko auf Nebenwirkungen ein. Aus diesem Modell lässt sich also ein weiterer externer Grund ableiten: Vorausgesetzt Sportler A geht davon aus, dass Sportler B nicht unter dem Einfluss von medikamentöser Leistungssteigerung steht, so wird er dopen, um sich einen Vorteil im Wettkampf zu verschaffen. Rechnet Sportler A hingegen damit, dass Sportler B dopt, so wird er ebenfalls dopen um einen Chancenausgleich zu schaffen[9]. Daraus lässt sich schließen, dass die Sportler ihre Chancen mithilfe von Dopingmitteln nicht verbessern, die Gesamtleistung aber abhängig von der Stärke des Dopings ist, was keine sportlicher, sondern ein medizinischer Erfolg ist. Würde kein Athlet dopen, wäre   allerdings ein

---

[9] Ökonomisch orientierte Lösungsansätze zur Dopingproblematik im Hochleistungssport, Meidl D, Busse M, Fikenzer S, 2006

Chancenausgleich gegeben, der auch in nicht-medizinischer Hinsicht eine besondere Leistung des Athleten darstellt.

Im Breitensport wird meist wegen Schönheitsidealen gedopt. Jugendliche möchten schlanker, sportlicher oder muskulöser aussehen und greifen deshalb oft zu Pillen, um diesem Ideal so nah wie möglich zu kommen. Bei einer Umfrage mit 15.000 befragten Schülern kam man zu dem Ergebnis, dass 4% dieser 15 bis 18 jährigen bereits Anabolika zu sich genommen haben. Oft sind es Jungen, die ihren Körper inszenieren wollen und deshalb zu dem anabolischen Steroiden greifen[10].

2.3 Entwicklungen

Im 20. Jahrhundert war Doping im Sport noch ganz alltäglich und wurde weder sportlich noch moralisch verurteilt. So wurde der Gewinner des London Marathons 1908DornadoPietri nicht etwa wegen seines Dopingkonsums disqualifiziert, sondern weil er die letzten Meter von Helfern getragen wurde, da er wegen Erschöpfung nicht mehr in der Lage war zu laufen. Er wurde im Nachhinein sogar als „moralische Gewinner des Wettkampfs" bezeichnet, obwohl es öffentlich bekannt war, dass er dopte[11]. Gerade nach dem 1. Weltkrieg, in der Ära des Massen- und Profisports, verbreitete sich der Konsum von Dopingsubstanzen[11]. Den ersten offiziellen Dopingverbot sprach die International Association of Athletics Federations (IAAF) im Jahr 1928 aus[12]: „Ein Teilnehmer darf weder während des Starts noch während des Rennens irgendwelche sogenannten Drogen (Reizmittel) zu sich nehmen, andernfalls er sofort disqualifiziert wird." Die Grundlage für das heutige Dopingverbot wurde hingegen 1953 gelegt. Sie besagt, dass jedes Medikament, welches das Ziel hat, die Leistung zu steigern und vor Wettkämpfen verabreicht wurde, als Doping zu betrachten ist. Der erste deutsche Sportler, der an den Folgen des Dopings starb, war der Profiboxer Jupp Elze. Im Jahre 1968 kam es zu einem Boxkampf, in dem Elze mit Methamphetaminen gedopt war. Aller Wahrscheinlichkeit nach hätte er den Kampf ohne die Droge bereits wegen Erschöpfung abbrechen müssen, so jedoch konnte es zu einem tödlichen Schlag auf den Hinterkopf kommen[13]. Zur heutigen Zeit wird auf jede neue leistungssteigernde Substanz reagiert. Sie wird nach zahlreichen Tests, sofern für Doping befunden, der

---

[10] http://www.faz.net/aktuell/rhein-main/sport/doping-schon-schueler-schlucken-anabolika-1462119.html
[11] Sportunterricht, Schorndorf, Michael Krüger, 61 (2012), Heft 4
[12] Doping: zwischen Freiheitsrecht und notwendigem Verbot, Lars Figura, S. 105 (2009)
[13] Geschichte des Doping, Kerstin Eva Dreher/Melanie Kuss. 14.04.2014, Planet Wissen

Dopingliste hinzugefügt. Jedoch hat sich auch der Dopingmarkt weiterentwickelt, z.B. war es bis zum Jahr 2000 nicht möglich Erythropoetin (kurz EPO) als Dopingmittel nachzuweisen, da das organische nicht vom synthetisch hergestellten EPO zu unterscheiden war[14]. Zwar gibt es immer mehr Möglichkeiten auf EPO und ähnliche Dopingmittel zu reagieren, jedoch werden immer wieder neue Dopingmittel auf den Markt gebracht.

2.4 Lösungsansätze

Zur Lösung der Dopingproblematik bestehen bereits zahlreiche Ansätze, jedoch ist es oft schwer diese umzusetzen. Ich stelle nun einige Ansätze vor und werde auf einen näher eingehen, indem ich eine Argumentation zur Durchführbarkeit dieses Ansatzes führe. Ein Lösungsansatz wäre es beispielsweise, den Zugang zu den Dopingsubstanzen erheblich zu erschweren. In Italien bspw. werden die Arbeiter, welche Unbefugten solche Substanzen bereitstellen, bereits vor einem staatlichen Gericht strafbar gemacht[15]. Ein weiterer Ansatz wäre es, wenn man bei der Ausbildung der Athleten mehr Wert auf das natürliche Erreichen von Ergebnissen und Spaß am Sport setzt, denn Sportler die bereits ihr ganzes Leben mit dieser Einstellung in Wettkämpfe gehen, tendieren eher dazu, nicht zu dopen[15]. Auch finanziell könnte die Dopingproblematik gelöst werden: Durch eine quantitative Erhöhung der Dopingtests sowie einer Erhöhung der zu zahlenden Geldstrafe bei positiven Tests, können die Einnahmen der Anti-Doping-Organisationen erheblich gesteigert werden. Diese Einnahmen können in die Antidopingforschung investiert werden, um so die Qualität der Tests und somit die Erfolgswahrscheinlichkeiten zu erhöhen.

Eine Diskussion, die oft im Zusammenhang mit der Lösung des Dopingproblems auftritt, ist die über eine Freigabe von Doping[15]. Sowohl für als auch gegen eine Freigabe von Dopingmitteln im Sport gibt es eine Reihe von Argumenten. Für die Freigabe von Doping spricht beispielsweise, dass Doping seit den Anfängen des Leistungssports ein Bestandteil dessen ist[16].

Eine weitere Rechtfertigung für die Legalisierung für Doping im Sport ist, dass jeder Mensch über seine eigene Gesundheit verfügen darf, solange es keine negativen

---

[14]www.Dopinginfo.de, der direkte Nachweis von rekombinantem Eryhtropoetin in Urin, Marc Machnik/ Bettina Bialas/ Wilhelm Schänzer, Institut für Biochemie (2002)
[15]Ökonomisch orientierte Lösungsansätze zur Dopingproblematik im Hochleistungssport, Meidl D, Busse M, Fikenzer S, 2006
[16]http://www.dsj.de/uploads/media/dsj_doping10_low.pdf S. 32

Auswirkungen auf andere Menschen hat. Wenn die Gesundheit eines Menschen jedoch beeinträchtigt wird, kann dies auch Folgen für die Gesellschaft haben (z.B. wenn sie die Folgekosten zu tragen hat)[17].

Zugunsten der Dopingfreigabe wird behauptet, dass bereits ein Großteil aller Sportler dopt, sodass eine Freigabe sie zwar vor Strafen beschützten würde, sonst aber nichts ändern würde[17]. Gegen diesen Einwand spricht, dass das Ausmaß der Dopingproblematik kein Anhaltspunkt dafür sein darf, den Problemen aus dem Weg zu gehen, denn die Schwierigkeiten des Dopings liegen, wie bereits dargelegt, nicht nur im Ausmaß, sondern in der Gefährdung der Gesundheit sowie der Nicht-Berücksichtigung der Chancengleichheit[17]. Es wird weiterhin behauptet, dass Doping körperlich keine große Gefahr darstellt, da sonst mehr Todesfälle bekannt wären, jedoch berichtet die medizinische Fachpresse regelmäßig über die schwerwiegende Komplikationen, die auftreten oder auftreten können[17]. Die Anzahl der Todesfälle ist alleine also nicht aussagekräftig genug. Des Weiteren wird von Befürwortern erwartet, dass man Dopingmittel mit Drogen wie Zigaretten und Alkohol vergleicht und dass man diese deshalb nicht verbieten sollte[17], allerdings, sollte der Alkohol- sowie Zigarettenkonsum keine positiven Auswirkungen auf Wettbewerbe haben. Wäre dies jedoch der Fall, würden sie ebenfalls als Doping gelten,. Ein Großteil der zum Dopen verwendeten Mittel ist ursprünglich zur Behandlung von Krankheiten entwickelt worden. Tritt der Krankheitsfall ein, sollte eine Selbstbehandlung für den Sportler möglich sein. Diesem Argument steht gegenüber, dass es hinreichend therapeutische Alternativen zur Behandlung von Krankheiten gibt[17]. Ein weiterer Faktor für die Freigabe von Doping ist, dass die Sportler keinen so hohen gesundheitlichen Risiken ausgesetzt sind, da betreuende Ärzte stets über die Einnahme informiert sind und ihre Patienten überwachen. Außerdem müssten Sportler bei der Einnahme nicht mehr darauf achten, wie schwer die Medikamente nachzuweisen sind, sie könnten sich bei der Wahl der Dopingmittel auf Leistungs- und Gesundheitsaspekte beschränken, was Nebenwirkungen vorbeugen könnte. Im direkten Widerspruch zu dieser Entgegnung, steht die ärztliche Ethik, da es für Ärzte nicht zu vereinbaren sein sollte, Sportler einer Gefahr auszusetzen[17]. Weiterhin wird argumentiert, dass die Bekämpfung von Doping ohnehin wirkungslos sei und die Überwachung von Doping durch eine Freigabe noch kontrollierter stattfinden könnte. Dem wird jedoch entgegengesetzt, dass

---

[17] ebenda

Präventionsbemühungen der Dopingproblematik bisher nur schwach vorhanden waren, womit die Unwirksamkeit begründet wäre. Würde man der Dopingproblematik mit mehr Ernsthaftigkeit gegenüber treten wäre dies kein Problem[18]. Im Übrigen habe eine Toleranz Drogen gegenüber negative Auswirkungen auf die Gesellschaft, denn es würde im Breiten- und Freizeitsport zu einer erhöhten Akzeptanz der Dopingmittel kommen[19]. Wenn dies der Fall sein sollte, werden auch Kinder immer häufiger zu Dopingmitteln greifen, was nicht vertretbar ist. Durch den bereits dargestellten Zwiespalt der Sportler ist es offensichtlich, dass es keine Chancenverringerung gibt, wenn keiner der Sportler Dopingmittel konsumiert. Es liegt in diesem Fall lediglich eine Verringerung der gesundheitlichen Risiken vor, was im Sinne aller Sportler und Fans ist. Abschließend ist zu sagen, dass jedes wichtige Argument für eine Freigabe von Doping durch ein passendes Gegenargument entkräftet werden kann. Gegenteilig ist dies nicht der Fall, weshalb eine Freigabe von Doping keine Option ist.

---

[18] http://www.dsj.de/uploads/media/dsj_doping10_low.pdf S. 32
[19] http://www.sportunterricht.de/lksport/dopefrei.html#hier

3 Diskussion

3.1 Zusammenfassung und Fazit

Zunächst wurden die Auswirkungen des Dopings auf den Sport dargelegt. Außerdem wurde das nötige Hintergrundwissen über Doping mittels einer Definition bereitgestellt. Des Weiteren wurde beschrieben, welche Faktoren für diese spezielle Themenwahl sorgten. Anschließend wurden die Probleme des Dopens erläutert. Die wesentliche Problematik liegt darin, dass Doping in der Gesellschaft auf eine große Akzeptanz stößt. Ferner sind Leistungen, die mithilfe von Doping erbracht wurden, künstlich und somit für den Sportler sowie den Zuschauer uninteressanter als natürlich erbrachte Leistungen. Da dieser jedoch davon ausgeht, dass ein Großteil der Sportler unter dem Einfluss von Dopingmitteln steht, lohnen sich die Ausgaben, die er machen würde, um Wettkämpfen beizuwohnen, nicht mehr. Doping hat also auch negative finanzielle Folgen für den Sport.

Im Anschluss wurde erläutert, was die Sportler zum Dopen veranlasst. Einerseits wird erwähnt, dass das Brechen von Regeln in der Natur des Menschen liege und Sportler unter anderem deshalb zu den Medikamenten greifen. Im Anschluss wurde zwischen externen und internen Gründen für das Doping unterschieden. Die externen Gründe beschreiben äußere Einflüsse die zum Dopen des Sportlers führen können, anders als die internen Gründe, welche der Sportler aus eigenem Antrieb hat. Zu den internen Beweggründen gehören unter anderem der Nachahmeffekt, Verletzungen oder andere Ereignisse die den Leistungsstand des Sportlers zurückwerfen, sowie Minderwertigkeitskomplexe und Depressionen. Der Selektionsdruck, die Medienpräsenz, die körperliche Belastung, die Spitzenleistungen anderer Leistungssportler, das Anstreben einer Chancengleichheit, die Gewöhnung an Medikamente und Dopingmittel sowie die zeitliche Begrenzung einer Spitzensportkarriere sind unter anderem externe Gründe für das Doping. Zwar können sowohl externe als auch interne Gründe auf Breitensportler zutreffen, in der Regel allerdings dopen diese, um Erfolge zu erreichen und sich Idealen zu nähern.

Im darauf folgenden Kapitel wurde die Entwicklung des Doping und seiner Akzeptanz mithilfe des Fallbeispiels Dornado Pietri beschrieben. Eine Disqualifikation wegen Dopings stand damals also nicht zur Debatte. Zwar gibt es mittlerweile Organisationen welcher versuchen gegen Doping vorzugehen, jedoch wird angenommen, dass ein Großteil aller Spitzensportler bereits unter Dopingeinfluss stand.

Zuletzt wurden Ansätze zur Lösung der Problematik vorgestellt und diskutiert. Hierbei wurde auf einen Aspekt näher eingegangen, welcher eine Freigabe von Doping voraussetzt. Es wurden Vor- sowie Nachteile beschrieben und das Ergebnis der Diskussion genannt.

3.2 Ausblick

Abschließend ist zu sagen, dass bereits einige aussichtsreiche Lösungsansätze zur Dopingproblematik existieren [20]. Die Bemühung diese auch durchzusetzen sind allerdings bisher alles andere als viel versprechend. Im Zentrum aller Ansätze steht, dass Dopingkontrollen wirksamer gestaltet werden müssen. Der Bruch von Regeln gehört zur Normalität, weshalb Sport indem nie wieder gedopt wird, lediglich eine Utopie darstellt. Allerdings ist es nicht unwahrscheinlich, dass dadurch der Dopingkonsum in der Zukunft eingeschränkt wird, sodass Sportler keine gesundheitlichen Risiken mehr eingehen müssen, um bei Wettkämpfen Erfolg haben zu können.

---

[20] http://www.dsj.de/uploads/media/dsj_doping10_low.pdf S. 32

Literaturverzeichnis

Arndt/ Singler/ Treutlein, *Doping: Mittel, Methoden, Wirkungen und Nebenwirkungen*, Pdn-BioS, Heft 3, 57 (2008).
http://www.stark-verlag.de/upload_file/Inhalt/EZ12083i1.pdf

Arndt/Singler/Treutlein, *Sport ohne Doping. Argumente und Entscheidungshilfen für junge Sportlerinnen und Sportler sowie Verantwortliche in deren Umfeld*, 1. Auflage (2004), Verlag: Deutscher Sportbund.

Dreher K. E./Kuss M., *Geschichte des Doping*, 14.04.2014, Planet Wissen
http://www.planet-wissen.de/gesellschaft/sport/doping_gefaehrliche_mittel/
pwiegeschichtedesdopings100.html

http://www.dsj.de/uploads/media/dsj_doping10_low.pdf S. 32

Krüger M., *Sportunterricht*, Schorndorf, 61 (2012), Heft 4
http://www.hofmann-verlag.de/project/zs_archiv/archiv/sportunterricht/2012/Sportunterricht-Ausgabe-April-2012.pdf.

Meidl D, Busse M, Fikenzer S., *Ökonomisch orientierte Lösungsansätze zur Dopingproblematik im Hochleistungssport*, 2006

Roth B., *Schon Schüler Schlucken Anabolika*. 03.08.2007.
http://www.faz.net/aktuell/rhein-main/sport/doping-schon-schueler-schlucken-anabolika-1462119.html

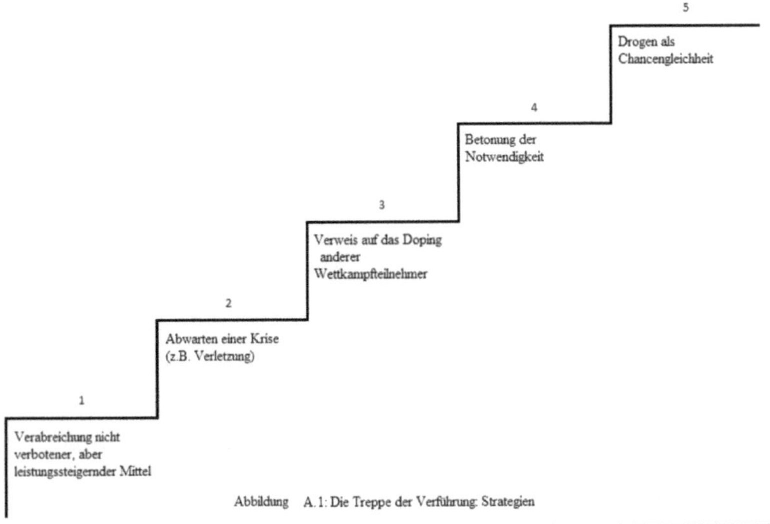

Abbildung   A.1: Die Treppe der Verführung: Strategien

Abbildung A.1 Quelle: Doping: Mittel, Methoden, Wirkungen und Nebenwirkungen, Arndt/ Singler/ Treutlein, Pdn-BioS, Heft 3, 57 (2008)

BEI GRIN MACHT SICH IHR WISSEN BEZAHLT

- Wir veröffentlichen Ihre Hausarbeit,
  Bachelor- und Masterarbeit

- Ihr eigenes eBook und Buch -
  weltweit in allen wichtigen Shops

- Verdienen Sie an jedem Verkauf

Jetzt bei www.GRIN.com hochladen
und kostenlos publizieren